#Heimat

Gedichte ohne Gebietsansprüche

von Herwig Finkeldey

2. radikal gekürzte und damit unbedingt
verbesserte Auflage

Verlag: BoD · Books on Demand GmbH, In de Tarpen 42,
22848 Norderstedt, bod@bod.de
Druck: Libri Plureos GmbH, Friedensallee 273,
22763 Hamburg
ISBN: 978-3-7693-1384-0

Inhalt

Die Welt in vier Zeilen   4

Sonette   19

Freie Formen   29

Die Kunst ist tot   36

Welt in vier Zeilen

Pathologie

Pathos das Leiden
Logos die Lehre
hier ist zu schneiden
her mit der Schere

Hirnforschung

Der Thalamus – im Gehirn gereift
weiß nichts von dem, der ihn begreift.
Wer ihn begreift macht manchmal Schluss
und schießt sich durch den Thalamus.

Diagnose

Ich bin kein Schriftsteller ich stelle Diagnosen
weit lauter noch als Zerberus bellt.
Und Rosen sind manchmal gar keine Rosen
und hinter den Rosen schweigt die Welt

Jahreswechsel

Unter dem Pflaster der Strand.
Und unter dem Strand verwest
das Alte! Und doch: es ist nur das Neue,
das ihr in den Knochen lest!

Das neue Jahr ist da
das alte musste weichen.
Das alte machte Angst
das neue desgleichen

Mind the gap

Ich bin kein Mythos, dazu noch feige
ich brauche viel Wein zum täglichen Brot.
Ich schaue nach unten, wenn ich einsteige,
von dort spricht das fünfte Gebot.

Zwischen den Texten

Wenn einer einfache Texte
einfach nicht versteht,
hilft auch nicht die verhexte
Textualität.

Blindflug

Die Unterhaltung mit Piloten ist verboten,
sie ist dennoch amüsant und steuerfrei.
Wer war denn nun zuerst auf den Lofoten?
Wars der Columbus oder doch das Ei?

LUTHER – der begnadete Twitterer des 16. Jahrhunderts

Jeder Satz ein Uppercut -

wehe dem, der so getroffen.

Nur Gott allein gibt Gnade satt!

Auf Erden ist kein Hoffen

Panzerschokolade

Mit Pervitin killen
als stahlblonder Stern.
Triumph der Pillen
beim Wunder von Bern.

Brutal Rampage

My trigger is bigger than life
A tinfoil hat is on my side.
My gun is my fucking wife
Just call me crazy male pride.

Monsieur le Docteure Guillotine

Revolutionsbeat
auf dem Schafott.
Kürzer als ein tweet
trommelt Gott.

Nachtdienst

Nach dem Dienst ist vor dem Dienst
und vor dem Dienst ist scheiße.
Nach dem Dienst weiß ich manchmal
nicht mehr wie ich heiße.

Farbenlehre

Auf rotem Samt
Der gelbe Hund
In grüner Schrift
aus blauem Mund.

#Heimat

Meine Heimat sind die Ostseewellen
wenn sie kommen und zerschellen.
Heimat kommt, Heimat geht.
Heimat ist, was nicht besteht.

Sonette

Das Arschlochsonett

Das durchreflektierte Arschloch in

und der bestirnte Himmel über mir
können nicht wissen, wer ich bin.
Halb Mensch eben und halb auch Bier.

Doch wenn meine beiden Hälften zusammen
wollen, sagt mir mein Riesenarschloch:
Kneif sie zusammen, Deine strammen
Backen! (Täglich tu ich das doch!)

Durchreflektiert sucht mein Riesenarschloch
seine Stellung in der durchlöcherten Welt.
Doch ist es nur Küche, ganz ohne Koch.
Kochlose Küche, mutloser Held!

So köchelt mein Arsch so vor sich hin
und nicht zu garen ist sein Sinn.

Algorithmussonett

Nur das, was ich begreifen
kann, das hab ich in der Hand.
In Algorithmusschleifen
dreht sich das Möbiusband.

Das Band ist eigentlich eine sie –
kein vorne kein hinten – sie kreist
vergeblich wie die Nadel, die
niemals nach Norden weist.

Das Leben, nun, das muss man pressen
und drücken und Saft muss auch
hinein. Und nicht vergessen
zu atmen in den Bauch.

So drehen die Endlosschleifen!
Nur das, was ich begreifen…

Idee und Methoden

… … … … … … … … … …

… … … … … … … … … …

… … … … … … … … … …

… … … … … … … … … …

… … … … … … … … …

… … … … … … … … …

… … … … … … … … …

… … … … … … … … …

… … … … … … … … …

… … … … … … … … …

… … … … … … … …

… … … … … … … …

… … … … … … … …

Methoden sind stärker als Ideen

Auch Erben will gelernt sein

Für Judith

Es trennt sich zur Weihnacht vom Weizen die Spreu
Zum Erben gehört auch ein Fluch
Der BerlinHipstercityboy
muss auf Sponsorenbesuch

Deswegen fahren in großer Schar
die Erben der Erben gen Westen
dort wollen die Eltern wie jedes Jahr
Ostschwiegertöchter testen

Wenn dann die Töchter frech und klug
sagen sie haben zum Leben genug,
muss er halbe Nächte lang glätten.
Nur so ist das Erben zu retten.

Nach drei Tagen ist dann die Qual vorbei
Gen Osten rollt die Erbenpartei…

Das Bamberger Punschlied

(für bersarin und für den Anselm)

Ein Goldtopf wirkt in Säufers Seele:
Bamberg erteilt Punschbefehle!
Die Geburt der Form nur aus dem Punsch
ist in Befehlsform Säufers Wunsch

und immer weiter, reitet der Reiter
reitet hinauf die Himmelsleiter
Lass es stürmen, lass es regnen:
Herr, lass Punsch den Himmel segnen.

Und lass Punsch über Tasten gleiten
ob beim Dichten oder Streiten
ob beim Singen, Metrum holpern
niemals lass den Reiter st-stolpern

Und wenn der Traum sich ausgelacht
dann kommt der Tag wie jede Nacht

Das Schinderhannessonett

Ich lese in den Organen die wilden
Wahrheiten und singe dann blutige Lieder.
Denn als Augur ließ ich mich ausbilden
komme als Schwur auf die Krieger nieder

Ich glaube nicht an die letzten Gedanken
unter dem Fallbeil: Die Blende auf acht!
Als wir nach dem Richten den Tee austranken,
da haben Schinder und Hannes gelacht.

Denn forschende Geister haben Elektroden
an ihre Muskeln und Backen gehalten.
Sie grimassierten und bildeten Falten:
Sprachen von Zukunft und von Hannes Hoden

Eine Mordsgaudi das Hinrichtungsfest!
(Den Würmern gehört der organische Rest)

Das Gottfried Benn-Sonett

„…am schlimmsten:
Nicht im Sommer sterben,
wenn alles hell ist
und die Erde für Spaten leicht." (Benn)

Für den Tod musste noch keiner werben
zum Sterben hats noch immer gereicht.
Im Sommer vor 60 Jahren das Sterben
die Erde war für Spaten leicht.

Und Licht war da in der Baracke
der schwarze Schwan ein Karzinom.
Das Bett voll Wundsekret und Kacke
alle Wege führen nach Rom –

die Trommel liest den Kriminalroman zuende
alles ist Ufer ewig ruft das Meer
Ikarus flog gegen Wände
schlug um war alle, kein ich kein er

Thermopylen, Spaten, märkischer Sand
Kindererde – unendlich geliebtes Land

**Maggie und der Schriftsteller Paris Paselke treffen
sich nach langer Zeit wieder und haben über die
Vergangenheit unterschiedliche Ansichten**

Weißt Du noch am Meer die Quallen?
Wir machten Brrr! und ließen uns fallen.
Der Strand so warm, die Küsse scheu,
wir machten es, als wär es neu.

Ja, weißt Du noch die großen Wellen?
Wir glaubten, dass wir nie zerschellen.
Wir schrien die Nussschale auf wildem Meer,
wir hofften das Ufer. Wir atmeten schwer.

Ich weiß es wohl noch: Wir glaubten das Lieben
als wir uns aneinander rieben.
Doch alles nur Kino: Die Schwüre zu heiß.
Zu laut und zu schnell – stumpfer Fleiß.

Und nichts, Paris, nichts ist geblieben
vom Lieben….

So sehen Sieger aus schalela lala

Die Kleinstadtwecken aus dem Prenschelberg
kacken auf alles aus ihrem Dachgeschoss.
Jeder ist ihnen von dort ein Zwerg
und sie sind überall der Boss.

Sie rollen SUVs mit Hybridantrieb
und Schützenpanzerdrehmoment.
Sie haben sich und ihre Kinder lieb
wie man es von der Löwin kennt.

Nach Schule walzt Mama verzogene Gören
hin zum Synapsenbuilding bei Geigenfrau.
Die muss dann das Gequietsche hören,
denn Quietschen macht Siegerkinder schlau.

So quietschtie! der Berg – dem Thierse ein Graus
Doch sehen nun einmal so Sieger aus.

Freie Formen

Am 06.08.2016 flog Lyonels Vogelwolke

in Parabeln über die Lübecker Bucht
wollte zwar konnte aber nicht: Landen.
Der Wind hatte Macht und Wucht
schlug den Vogel in die Flucht

ich sah und hatte nicht verstanden.

Pressekonferenz eines Hirnforschers

Neuste Ergebnisse, entscheidende Wendung
Hirnforschung kurz vor der Vollendung
der selbst gestellten Aufgabe – nur:
Es fehlt die allerletzte Spur.

Diese neue Untersuchung wird sie bringen,
wird in das letzte Dunkel dringen.

Darum Gelder her und nicht verzagen!
Danke die Herren! Sonst noch Fragen?

Akutes Abdomen

(Wer sah je einen Igel lachen, wenn er den Fuchs
beim Sterben sah)

Der Tag geht, der Dämon kommt
Macht auf den kranken Bauch.
Und schneidet ihm das Feuer
wie heißen Stein aus dem Leib.

Aus dem Anschnitt heraus grüßen
die Dämonen den wackeren Heilkundler
und gnickern: Bald ist da kein Bauch mehr,
den wir uns halten können.

Dein Stahl ist scharf gegen den Bauch
aber stumpf gegen uns. Wir entkommen,
wenn Du öffnest. (Pandora, you know?)
Denn das Dämonische ist sächlich und ewig.

Dein Messer jagt den Fuchs
und der Fuchs weiß viele Dinge.
Wir aber sind der Igel
und immer schon da,

wenn Fuchs und Hase sich Gutenacht sagen.
Wer sah je einen Igel lachen....

Traum und Pistolen

Unter einer Eiche
unter einem Baum.
Da träumte eine Leiche
den Lindenblütentraum.

Als sie dann erwachte,
da war sie trotzdem tot.
Sie lag da und dachte:
Verdammtes Abendrot.

Zurück blieben Pistolen
und eine Lache Blut.
Ich wollte sie noch holen
doch dann kam die Flut.

Da gibt es nix zu borgen
da gebt es nix zu drehn.
Die Flut von heute morgen
war gestern schon geschehn

Sein Leben nur geliehn
und zittern tat das Kinn.
Er rutschte auf den Knien
zu Gott und Vater hin

Mein Gott, hat der Kerl Sorgen
war jarnüscht mehr zu drehn:
Die Flut von heute morgen
war gestern schon geschehn.

Das letzte Leiden, der letzte Kuß
der letzte Tod und dann ist Schluß!

Die Kunst ist tot

1

Rede des toten Goethe vom Pantheon herab,
dass keine Kunst mehr sei:

Die Kunst ist tot
Mein Herz ist leicht!
Hab Ruh, hab Ruhm
bin satt – es reicht

2

Der Vorsitzende des Verbandes der
deutschen Werbeschafenden, Raoul
Hausmann, wies in seiner programmatischen
Grundsatzrede zum Tagungsabschluss noch
ein Mal auf die überragende Bedeutung des
Dadaismus für die Werbeindustrie hin. Er sei
der „Meister, der uns alle schuf", so
Hausmann. Kritischen Nachfragen, die von
einer Kommodifizierung der Kunst sprachen,
entgegnete er: „Legen Sie ihr Geld in
Werbung an, geworben wird immer!"
„Die Kunst wird *werben* oder *sterben*!" schloss
Hausmann unter großem Beifall.
Zuvor war der Vizepräsident Hugo Ball unter
Protest aus dem Verband ausgetreten. Er
vermisse in letzter Zeit das „Geistige", das
„Transzendente". Weiterhin sprach er noch,
ohne dass Hausmanns Name explizit fiel,
vom Vatermord, den er nicht mitgehen
könne.

Er wolle ein spirituell geprägte Werbung und
Nachfrage, so Ball. Mit einigen Getreuen soll
ein Konkurrenzverband gegründet werden,
dessen genaue Zielrichtung derzeit nur erahnt
werden kann.

3

Texte, die auf Heimat warten.

Epilog

1

Kunst war nie Leben
die Kraft nur wird Tat!
Das Wort fällt daneben
das Ende naht.

2

Aufsteigende Blasen
bei Wein + Brot.
Buzzwords in Vasen:
Die Kunst ist tot.

Wenn Texte sich gegen den Verfasser wenden – der Jude Thomas Brasch und die DDR oder Hoffnung ohne Heimat

In einem mittlerweile auf Youtube zu sehenden Gespräch mit Günter Grass sagte Thomas Brasch über die Rezeption seiner Literatur, die im Westen v.a. als widerständig empfundenen wird, also als eine Literatur mit „richtiger" Gesinnung:

Eine schlecht geschriebene Passage bleibt eine schlecht geschriebene Passage [...] und bei Dir oder bei Handke wäre das als schlecht geschriebene Passage vermerkt. [...] Bei mir adelt, dass ich im Gefängnis war. Das adelt mich erstmal und es macht mich unangreifbar. Und das ist etwas echt Schlimmes. Ich habe mich ja nicht hingestellt und eine Rede gehalten. Sondern ich habe Erzählungen geschrieben...

Rabatt wegen guter Gesinnung, Rabatt in politischen Zeiten – den gab es bei Thomas Brasch in der Kunst nicht. Er war beinahe manisch darauf bedacht, dass seine Gedichte als Gedichte gesehen werden und

nicht als Sekundärelaborat, gewissermaßen als
Ausguss, als Abdruck eines Adeligen. Wobei der
einmal deutscher Jude, Dissident, Inhaftierter oder
ein aufmüpfiger Bonzensohn sein kann. Oder auch
als Elaborat eines Junkies, eines Kranken. Adel der
Pathologie. Geht man so an Texte heran, so genügt
zum Verstehen des Werkes, in kriminalistischer
Manier alle biographischen Bezüge mit dem Werk
zusammen zu bringen, gewissermaßen Zeile für
Zeile.
Nein, so funktioniert Kunst nicht. So verlieren Texte
das, was sie lebensfähig macht. Den Gehalt neben
der Biographie. Literarische Texte sind eben nicht
nur freie Assoziationen eines Menschen, sondern
gestaltet.

Und doch ist sein Werk ohne den biographischen
Bezug, ohne alle diese Bezüge kaum zu lesen: Das
wird nicht die einzige Ambivalenz des heutigen
Abends bleiben.

Sein erster Bezug war seine Familie. Und dann das
Land, in dem er aufwuchs, und beide Bezüge waren
auch noch aufeinander bezogen. Das ist schon ein
ziemliches Geflecht, von
dem er selbst sagte:

*Der Staat, in dem ich gelebt habe, war jemand, der mir
sehr nahe ging, mit Tritten und mit Behutsamkeit.*
Und über seine Ausreise aus der DDR

*[…] Vielleicht ist es so, wie wenn man von einer Frau
weggeht, mit der man miese, schlimme und angenehme
Stunden hatte.*

Eine Totalverurteilung der DDR, seiner Familie oder
Deutschlands an sich, auch um sich im Westen
seiner selbst und seiner Umgebung sicher zu
werden, - für Thomas Brasch kam es nicht in Frage.
Es wäre überdies eine Totalverurteilung seiner
Hoffnung UND seines Lebensstoffes gewesen. Und
welcher Schriftsteller verurteilt schon seinen Stoff,
das Rohmaterial, aus dem das Werk entsteht. Denn
das wusste Brasch immer: Der Irrsinn der Deutschen
Geschichte im 20. Jahrhundert ist der Stoff, aus dem
seine Albträume sind, und seine Albträume sind sein
Werk. Ein Albtraum ohne Heimat,

Im Gedicht „Meine Großmutter" heißt es u.a.:

*Im Konzentrationslager schrieb sie Gedichte. Die
steckte sie in den Ofen, bevor sie entlassen wurde
in die Irrenanstalt. In der Zelle schrieb sie einen Roman
über die Auswanderung eines Ameisenstaates von*

Deutschland nach Amerika nach Afrika nach
Deutschland.
und später

Sie wollte nicht Heimat sagen

das wollte Thomas Brasch auch nicht. Keine Heimat
also, aber Hoffnung. Und diese Hoffnung war
durchaus dieselbe, die auch sein Vater hatte: Der
Sozialismus! Da Brasch den Sozialismus zum einen
vor der Tür fand und er zum anderen nicht lügen
konnte, geriet die Schilderung der falschen
Menschheitshoffnung mit Namen Sozialismus zur
Schilderung eines humanen Desasters.

An die Stelle von Lenins Bild hängte er
1930 Stalins Bild. Stalins Bild
legte er 1933 in den Koffer und hängte es
über sein Bett in der Pariser Jugendherberge.
Als er aus der Emigration zurückkam,
hängte er neben Stalins Bild
das Bild Wilhelm Piecks.
1956 nahm er Stalins Bild von der Wand und
stellte es in den Keller hinter die Einweckgläser.
1960 wechselte er das Bild Wilhelm Piecks
mit dem Bild Walter Ulbrichts aus.
1971 nahm er das Bild Walter Ulbrichts von der Wand

und hängte das Bild seiner Frau an den Nagel.
1973 ging er in Rente. An die Stelle
des Bildes seiner Frau hängte er einen Spiegel

und sah hinein.
„Wer ist das", schrie er,
„kann man denn nie allein sein."

und woanders

DAS AQUARIUM

Die Welt ist ungerecht, sagt der Professor und
starrte zwischen Algen. Die schweren Jahre
habe ich gelitten. Jetzt kriegt man nicht einmal
einen Glückwunsch von der Regierung zu seinem

> *Geburtstag*

Was ist das für ein Sozialismus. Er drückt
seine Nase gegen das Glas. War ich dafür im Gefängnis.

Seine junge Frau stellt die Kaffeekanne neben
seine zitternde Hand. Ich weiß es, schreit er, Marx
gegen Freud ist die Devise. Was wissen denn die,
ich habe noch Erich Mühsam gekannt,

als ich in München Student war, als
in München Revolution war.
Ein Guppy hat einen Guppy gefressen. Faschist,
schreit der Professor und angelt den Fisch
aus dem Wasser. Er geht
zur Toilette und spült ihn hinunter.
Dann setzt er sich wieder vor das Aquarium
und starrt zwischen die Algen

Als Brasch im Sog der Biermannausbürgerung 1977
in den Westen geht, gehen sein Blick und seine
Hoffnungen mit. Wieder einmal schreibt er – in
sozialistischer Tradition - eine

SELBSTKRITIK

Der Plan Die Trennung Das Mandat Der Stacheldraht
Das blöde Grinsen der Behörde das ist nicht der Staat
Längst schon bist du der Staat Dein eigenes Gericht
Geschrei nur noch im Schädel Und ein Vers Der bricht

Sein lautes Eintreten für die DDR, seine aggressiven
Töne gegen die Bundesrepublik irritieren viele bis
heute. Zur Verleihung des bayrischen Filmpreises an

ihn hält er eine Rede, die bis heute nachhallt,
bedankt sich bei der Filmakademie der DDR.

Auch seine literarischen Bezugspunkte sind kaum
staatstragend zu nennen, weder im Osten noch im
Westen. Neben Christa Wolf, die mit ihrem
Schreibexperiment, jeden 27. September einen Tag
im Jahr minutiös zu schildern, seinem zweiten
Gedichtband den Namen gab, war Heiner Müller
sein älterer Bruder im Geiste. Und Uwe Johnson, der
anders als er, Wolf und Müller an einen Sozialismus
nicht mehr glauben konnte. Auch in der Wahl dieser
Fixpunkte widerspricht er seiner Hoffnung. Über
und für Uwe Johnson, von dem Hans Mayer sagte:

„Er ist ein Schriftsteller der DDR!"

schreibt er dann ein Lied des Endes:

HALB SCHLAF

Für Uwe Johnson

Und wie in dunkle Gänge
mich in mich selbst verrannt
verhängt in eigene Stränge
mit meiner eigenen Hand

So lief ich durch die Finster
in meinem Schädelhaus:
Da weint er und da grinst er
und kann nicht mehr heraus.

Das sind die letzten stufen
das ist der letzte Schritt,
der Wächter hört mein Rufen
und ruft mein Rufen mit

aus meinem Augenfenster
in eine stille Nacht;
zwei rufende Gespenster:
eins zittert und eins lacht.

Dann schließ mit dunklen Decken
er meine Augen zu:
Jetzt schlafen und verstecken
und endlich Ruh.

Die Deutsche Einheit erlebt er als Außenstehender,
fast als Abgeschriebener. Kein Zweifel: Die
Reibungen mit der DDR, mit der Wirklichkeit seiner
Hoffnungen waren sein Leben. Die Destruktion der
Spießerrepublik sein Stoff. Mit dem Verschwinden
der DDR verschwand zunächst auch der
Schriftsteller Thomas Brasch.

Um im Mädchenmörder Brunke seinen letzten Stoff
zu finden, der ihm von seiner Schreibblockade
befreite. Ein Mörder als Trigger.

Mädchenmörder Brunke

Und neben diesem Stoff nahm nun auch ein ganz
realer, schon immer vorhanden gewesener dominant
von ihm Besitz ein.

Es dürfte nun klar geworden sein: Thomas Brasch
war ein Schriftsteller, der nicht ohne Hoffnung leben
konnte und der zugleich wusste, dass die
Verhältnisse dieser Hoffnung wenig Raum ließen.
Diese Ambivalenz griff er immer wieder auf,
schreibt darüber – natürlich – ein Gedicht, das in
seinem wunderbaren Gedichtband „Der schöne 27.
September" steht. Ein Gedicht über den Kampf
Autor gegen Text:

Hamlet gegen Shakespeare

Das andere Wort hinter dem Wort.
Der andere Tod hinter dem Mord.
Das Unvereinbare in ein Gedicht:
Die Ordnung. Und der Riss, der sie zerbricht.

In der letzten Zeile bricht neben der *Ordnung* auch die Form auf, die Silben zahl, das Metrum. Das Gedicht stürzt ab. Der Riss, der die Ordnung zerbricht, ist die Kunst.

Vielleicht war es ihm nur so möglich, als formbesessener Künstler, das Offenkundige zu ertragen. Nämlich den offensichtlichen Tod seiner Hoffnung, seines Sozialismus und damit seiner Familie. In einem Liebesgedicht, das wie alle guten Gedichte mehr ist als nur ein Liebesgedicht ist, stehen folgende Zeilen. Sie drücken das Gesagte nochmals gut aus:

wir haben uns nicht befreit,
wir sind verlassen worden.
Unser land ist nichts ohne die Unterdrückung.
Und ohne den widerstand gegen die Unterdrückung.
Unser feind war unsere stärke.
Unser feind war unsere Hoffnung.

Ohne Feind keine Hoffnung. Und die Hoffnung geht doch dahin, ohne Feinde zu leben. Damit wendet sich sein Werk endgültig gegen ihn selbst. Thomas Brasch Texte sind

Texte, die sich gegen ihren Urheber wenden

indem sie einen Selbstzerstörungsmechanismus für
Utopien einschalten. Und nur mit diesem
Selbstzerstörungsmechanismus leben die Texte. Und
ironischerweise nur so überleben die Utopien. Denn
die Wirklichkeit ist der Utopie Tod. Damit wäre
auch die Wirklichkeit der Kunst Tod. Und
umgekehrt müssen Revolution und Kunst die
Wirklichkeit, also die Vergänglichkeit töten.
Ästheten und Revolutionäre schießen deswegen die
Turmuhren entzwei. Nieder mit der Vergänglichkeit.
Aber die Zeit ist stärker und Thomas Brasch weiß
das:

ZEIT

Du führst den Kampf gegen mich
mit der Musik
des Hammers
Friß weiter,
Abgott Wolfes
Unbekannte Puschkins,
Herrin aller Leben,
Feindin aller Lieder
der Unsterblichkeit

Nichts gegen dich ist Liebe

sind die Worte,
ausgespuckt von Masken

Du bist hier,
so groß und scharf
wie tausend Messer,
die bereit,
mich in tausend Teile zu zerschneiden.

Du lehnst an Laternen
machst sie blind
und mich erschreckend sehend.

Wenn du singen könntest
wie Schaljapin, Gigli, Vögel
würde niemand mehr das Wort verstehen,
das Dichter schreien,
glaubend,
gehört zu werden

Aber wer hört schon Dichter und ihre Sehnsucht,
wenn die Zeit politisch ist und die Vergänglichkeit
mahnt. Zumal auf einen Dichter, für den – da gibt es
keinen Zweifel – die DDR immer die größere
Hoffnung blieb, auch wenn er vor ihr und ihrem
Wahn fliehen musste. Jenes

halbe Land zwischen Oder und Elbe,
irrsinniges Kind der viehischen Mutter Faschismus

Hoffnung ohne Heimat. Oder auch: Heimat kann
dem Heimatlosen nur die Kunst sein.
Womit wir wieder am Anfang sind. Der Frage nach
der Kunst in politischen, heimatlos machenden
Zeiten.
Und der Frage nach der Kunst in Zeiten, die ein
Werk ganz un-utopisch und in bürgerlicher Manier
immer biographisch-persönlich fixieren will. Der
bürgerliche Blick auf die so unbürgerliche Kunst:
Der interessante Thomas Brasch. Der facettenreiche
Thomas Brasch. Die Brasch-Familie als
Buddenbrooks der DDR und wie die albernen
Assoziationen sonst noch lauten, die wir gerade in
jüngster Zeit lesen mussten. Aber:

Eine schlecht geschriebene Passage bleibt eine schlecht
geschriebene Passage

ob sie von einem trilingual aufgewachsenen
Emigrantensohn kommen oder von einem aus dem
Versicherungsvertreterreihenhaus stammenden
Hänschen Müller. Und diese Haltung weist Brasch
als Ästheten aus. Ein Ästhet im Sozialismus aber ist
per se heimatlos. Er schrieb Texte, die auf Heimat
warten.